Inhalt

Einführung in das Aquascaping

Aquascaping ist eine Kunstform, die in den letzten Jahren immer beliebter geworden ist. Es handelt sich dabei um die Gestaltung von Unterwasserlandschaften in Aquarien, bei der Pflanzen, Steine und andere Materialien geschickt arrangiert werden, um eine ästhetisch ansprechende Umgebung zu schaffen. Die Wurzeln des Aquascapings liegen in Japan, wo es als "Nature Aquarium" bekannt ist. Inzwischen hat sich diese Kunstform jedoch weltweit verbreitet und es gibt zahlreiche Aquascaping-Wettbewerbe, die die kreativen Fähigkeiten von Aquascapern auf der ganzen Welt feiern.

Aquascaping hat viele Elemente, die es zu einer einzigartigen und faszinierenden Kunstform machen. Die Verwendung von Pflanzen ist dabei eines der wichtigsten Elemente. Pflanzen dienen nicht nur der ästhetischen Verbesserung des Aquariums, sondern sind auch wichtig für das ökologische Gleichgewicht des Aquariums. Sie produzieren Sauerstoff und entfernen Kohlenstoffdioxid und andere Schadstoffe aus dem Wasser. Die Pflanzenwahl ist dabei entscheidend für das Gedeihen des Aquariums. Verschiedene Pflanzen haben unterschiedliche Anforderungen an Licht, Nährstoffe und Temperatur. Ein guter Aquascaper muss daher die Bedürfnisse der ausgewählten Pflanzen verstehen und sie entsprechend platzieren.

Ein weiteres wichtiges Element des Aquascaping ist die Verwendung von Steinen, Wurzeln und anderen Materialien, um eine natürliche Landschaft im Aquarium zu schaffen. Diese Materialien können verwendet werden, um Höhlen, Felsen und andere natürliche Strukturen zu schaffen, die den Fischen und anderen Bewohnern des Aquariums eine natürliche Umgebung bieten. Durch die geschickte Anordnung dieser Materialien kann der Aquascaper eine einzigartige und ansprechende Unterwasserlandschaft schaffen, die die Fantasie anregt und die Sinne anspricht.

Die Gestaltung der Unterwasserlandschaft kann auch von der Wahl der Fischarten beeinflusst werden. Verschiedene Fischarten haben unterschiedliche Anforderungen an ihre Umgebung. Einige Fische bevorzugen offene Räume, während andere lieber in Höhlen oder unter überhängenden Felsen leben. Ein erfahrener Aquascaper muss daher die Bedürfnisse der ausgewählten Fischarten verstehen und das Aquarium entsprechend gestalten.

Ein weiterer wichtiger Aspekt des Aquascaping ist die Beleuchtung des Aquariums. Die Beleuchtung dient nicht nur der ästhetischen Verbesserung des Aquariums, sondern ist auch wichtig für das Wachstum der Pflanzen. Eine falsche Beleuchtung kann das Wachstum der Pflanzen hemmen und die Gesundheit der Fische beeinträchtigen. Daher muss ein guter Aquascaper die richtige Beleuchtung wählen und diese entsprechend einstellen.

Das Aquascaping ist jedoch nicht nur eine Kunstform, sondern auch eine Wissenschaft. Ein guter Aquascaper muss ein Verständnis für die Chemie und Biologie des Aquariums haben. Er muss die richtige Zusammensetzung des Wassers verstehen, um ein gesundes ökologisches Gleichgewicht im Aquarium zu schaffen. Er muss auch verstehen, wie das Aquarium gereinigt und gewartet werden muss, um ein gesundes Umfeld für die Fische und Pflanzen zu gewährleisten.

Es gibt verschiedene Techniken und Stile des Aquascapings. Der "Dutch Style" beispielsweise zeichnet sich durch eine dichte Bepflanzung aus und orientiert sich an den formalen Gärten Europas. Der "Iwagumi Style" hingegen konzentriert sich auf die Verwendung von Steinen und schafft eine minimalistische Landschaft, die von japanischen Zen-Gärten inspiriert ist. Es gibt auch den "Nature Style", der eine natürliche Unterwasserlandschaft imitiert. Ein guter Aquascaper muss in der Lage sein, verschiedene Techniken und Stile zu beherrschen und seine eigene kreative Vision zu entwickeln.

Aquascaping erfordert Geduld und Sorgfalt. Es kann Monate oder sogar Jahre dauern, bis ein Aquascape vollständig etabliert ist. Der Aquascaper muss die Veränderungen im Aquarium sorgfältig überwachen und gegebenenfalls Anpassungen vornehmen, um sicherzustellen, dass das ökologische Gleichgewicht erhalten bleibt. Dies erfordert ein gewisses Maß an Erfahrung und Fähigkeiten.

Aquascaping kann eine lohnende Erfahrung sein. Es bietet nicht nur eine kreative Herausforderung, sondern kann auch eine beruhigende Wirkung auf den Betrachter haben. Die Unterwasserlandschaft kann eine Oase der Ruhe und Entspannung inmitten des hektischen Alltagslebens sein. Es kann auch eine wunderbare Möglichkeit sein, die Schönheit und Komplexität der Natur zu schätzen und zu genießen.

Insgesamt ist das Aquascaping eine faszinierende und vielfältige Kunstform, die das Beste aus der Natur und der Kreativität des Menschen vereint. Es erfordert eine Kombination aus Wissen, Fähigkeiten und Geduld, um eine ästhetisch ansprechende Unterwasserlandschaft zu schaffen, die den Bedürfnissen der Fische und Pflanzen gerecht wird. Für Aquascaping-Enthusiasten bietet diese Kunstform eine endlose Möglichkeit, ihre Kreativität und Liebe zur Natur auszurücken.

Pflanzenauswahl für das Aquascaping

Pflanzen sind ein wesentlicher Bestandteil des Aquascapings und spielen eine entscheidende Rolle bei der Gestaltung von Unterwasserlandschaften in Aquarien. Sie sind nicht nur ästhetisch ansprechend, sondern auch von großer Bedeutung für die Gesundheit und das Wohlbefinden der Fische und anderer Bewohner des Aquariums. Eine der wichtigsten Funktionen von Pflanzen im Aquarium ist die Produktion von Sauerstoff. Durch die Photosynthese produzieren Pflanzen Sauerstoff und entfernen Kohlenstoffdioxid und andere Schadstoffe aus dem Wasser. Ein gut bepflanztes Aquarium kann daher eine große Menge an Sauerstoff produzieren und eine gesunde Umgebung für die Fische und andere Bewohner des Aquariums schaffen. Pflanzen sind auch wichtig für das ökologische Gleichgewicht im Aquarium, da sie dazu beitragen, Schadstoffe aus dem Wasser zu entfernen und somit das Wachstum von Algen und anderen unerwünschten Organismen zu reduzieren.

Eine weitere wichtige Funktion von Pflanzen im Aquascaping ist die Erzeugung von Nahrung und Verstecken für Fische und andere Bewohner des Aquariums. Pflanzen bieten den Fischen und anderen Bewohnern des Aquariums einen sicheren und geschützten Lebensraum und können dazu beitragen, Stress und Angst bei den Fischen zu reduzieren. Sie bieten auch einen Ort zum Verstecken und Brüten für einige Fischarten und können somit zur Fortpflanzung beitragen.

Pflanzen sind auch ästhetisch ansprechend und können dazu beitragen, das Aquarium zu verschönern und die Sinne zu stimulieren. Sie können eine Vielzahl von Farben, Formen und Texturen aufweisen und somit eine faszinierende und abwechslungsreiche Unterwasserlandschaft schaffen. Ein geschickt gestaltetes Aquarium mit einer Vielzahl von Pflanzen kann ein echter Hingucker sein und eine wunderbare Möglichkeit bieten, die Schönheit der Natur zu genießen.

Eine gute Wahl und Platzierung der Pflanzen ist entscheidend für den Erfolg eines Aquascapes. Verschiedene Pflanzen haben unterschiedliche Anforderungen an Licht, Nährstoffe und Temperatur und müssen entsprechend platziert werden. Ein erfahrener Aquascaper muss die Bedürfnisse der ausgewählten Pflanzen verstehen und sie in einer Weise anordnen, die ein gesundes und ästhetisch ansprechendes Aquarium schafft. Die Verwendung von verschiedenen Pflanzenarten und -sorten kann auch dazu beitragen, eine natürliche und realistische Unterwasserlandschaft zu schaffen. Im Folgenden werden wir uns verschiedene Typen von Pflanzen im Aquascaping anschauen.

1. Vordergrundpflanzen

Vordergrundpflanzen sind kleinere Pflanzen, die in der Nähe des Vordergrunds des Aquariums platziert werden. Sie eignen sich hervorragend für die Gestaltung von Perspektiven und Tiefe in einem Aquascape und bieten den Fischen und anderen Bewohnern des Aquariums eine natürliche Umgebung zum Verstecken und Ausruhen. Vordergrundpflanzen haben auch eine wichtige Funktion bei der Sauerstoffproduktion und Nährstoffaufnahme im Aquarium.

Zu den beliebten Vordergrundpflanzen gehören unter anderem Glossostigma elatinoides, Hemianthus callitrichoides, Eleocharis parvula und Lilaeopsis brasiliensis.

2. Mittelgrundpflanzen

Mittelgrundpflanzen sind größere Pflanzen, die in der Mitte des Aquariums platziert werden und dazu beitragen, eine visuelle Struktur und Tiefe in der Unterwasserlandschaft zu schaffen. Sie bieten den Fischen und anderen Bewohnern des Aquariums einen sicheren und geschützten Lebensraum und können somit Stress und Angst bei den Fischen reduzieren. Mittelgrundpflanzen sind auch wichtig für die Sauerstoffproduktion und Nährstoffaufnahme im Aquarium.

Zu den beliebten Mittelgrundpflanzen gehören unter anderem Anubias barteri, Cryptocoryne wendtii, Vallisneria spiralis und Echinodorus cordifolius.

3. Hintergrundpflanzen

Hintergrundpflanzen sind große Pflanzen, die im Hintergrund des Aquariums platziert werden und dazu beitragen, eine visuelle Struktur und Tiefe in der

Unterwasserlandschaft zu schaffen. Sie bieten den Fischen und anderen Bewohnern des Aquariums einen sicheren und geschützten Lebensraum und können somit Stress und Angst bei den Fischen reduzieren. Hintergrundpflanzen sind auch wichtig für die Sauerstoffproduktion und Nährstoffaufnahme im Aquarium.

Zu den beliebten Hintergrundpflanzen gehören unter anderem Hygrophila difformis, Limnophila sessiliflora, Bacopa caroliniana und Ludwigia repens.

4. Schwimmpflanzen

Schwimmpflanzen sind Pflanzen, die auf der Wasseroberfläche schwimmen und eine natürliche Abdeckung für das Aquarium bieten. Sie können dazu beitragen, das Licht im Aquarium zu regulieren und somit das Wachstum von Algen und anderen unerwünschten Organismen zu reduzieren. Schwimmpflanzen sind auch wichtig für die Sauerstoffproduktion und Nährstoffaufnahme im Aquarium und bieten den Fischen und anderen Bewohnern des Aquariums einen sicheren und geschützten Lebensraum.

Zu den beliebten Schwimmpflanzen gehören unter anderem Salvinia natans, Lemna minor, Ceratopteris thalictroides und Pistia stratiotes.

5. Moospflanzen

Moospflanzen sind kleinere Pflanzen, die sich gut für die Gestaltung von natürlichen Strukturen im Aquarium eignen. Sie können auf Steinen, Wurzeln und anderen Materialien platziert werden und bilden eine dichte Schicht, die den Fischen und anderen Bewohnern des Aquariums einen sicheren und geschützten Lebensraum bietet. Moospflanzen sind auch wichtig für die Sauerstoffproduktion und Nährstoffaufnahme im Aquarium.

Zu den beliebten Moospflanzen gehören unter anderem Java-Moos (Taxiphyllum barbieri), Christmas-Moos (Vesicularia montagnei), Flame-Moos (Taxiphyllum sp. 'Flame') und Fissidens fontanus.

6. Rote Pflanzen

Rote Pflanzen können eine wunderbare Möglichkeit sein, Farbe in das Aquarium zu bringen und einen starken Kontrast zu anderen Pflanzen und Materialien im Aquarium zu schaffen. Sie bieten den Fischen und anderen Bewohnern des Aquariums einen sicheren und geschützten Lebensraum und sind auch wichtig für die Sauerstoffproduktion und Nährstoffaufnahme im Aquarium.

Zu den beliebten roten Pflanzen gehören unter anderem Alternanthera reineckii, Ludwigia glandulosa, Rotala macrandra und Hemigraphis traian.

7. Mooskugeln

Mooskugeln sind einzigartige Pflanzen, die eine kugelförmige Struktur aufweisen und auf dem Boden des

Aquariums platziert werden können. Sie bieten den Fischen und anderen Bewohnern des Aquariums einen sicheren und geschützten Lebensraum und sind auch wichtig für die Sauerstoffproduktion und Nährstoffaufnahme im Aquarium. Mooskugeln können auch dazu beitragen, das Wachstum von Algen im Aquarium zu reduzieren.

Zu den beliebten Mooskugeln gehören unter anderem Cladophora aegagropila und Marimo-Moos.

Hardscape-Materialien für das Aquascaping

Aquascaping ist eine Kunstform, die sich in den letzten Jahren zu einem der beliebtesten Hobbys unter Aquarienliebhabern entwickelt hat. Es geht darum, ein ästhetisch ansprechendes Ökosystem zu schaffen, das die natürliche Schönheit der Unterwasserwelt zur Geltung bringt. Die Verwendung von Hardscape-Materialien spielt dabei eine entscheidende Rolle.

Hardscape-Materialien sind Elemente, die in der Aquascaping-Welt verwendet werden, um eine Vielzahl von Texturen, Formen und Farben zu schaffen. Dazu gehören Steine, Kies, Wurzeln und Holz, die im Aquarium angeordnet werden, um ein natürliches Aussehen zu erzielen. Diese Materialien dienen nicht nur der Dekoration, sondern haben auch einen praktischen Nutzen. Sie bieten Schutz und Unterschlupf für Fische und Pflanzen, beeinflussen die Wasserqualität und beeinflussen das Wachstum von Pflanzen. Die Auswahl der richtigen Hardscape-Materialien ist ein wichtiger Schritt, um ein harmonisches und ausgewogenes Aquascape zu schaffen. Es gibt verschiedene Arten von Hardscape-Materialien, und jede hat ihre eigenen einzigartigen Eigenschaften und Vorteile.

Steine sind ein beliebtes Hardscape-Material und können in vielen verschiedenen Formen und Größen gefunden werden. Sie können in Gruppen oder als einzelne Elemente verwendet werden und bieten eine stabile Basis für das Wachstum von Pflanzen und den Lebensraum von Fischen. Einige der beliebtesten Steine für Aquascaping sind Lavasteine, Dragon Stones, Seiryu Steine und Basaltsteine.

Kies ist ein weiteres Hardscape-Material, das häufig in Aquascapes verwendet wird. Es ist in verschiedenen Farben und Größen erhältlich und kann verwendet werden, um den Boden des Aquariums zu bedecken oder um kleine Details in der Landschaft zu schaffen. Kies ist auch ein hervorragendes Substrat für das Wachstum von Pflanzen und kann dazu beitragen, den pH-Wert und die Wasserhärte zu regulieren.

Wurzeln und Holz sind ebenfalls beliebte Hardscape-Materialien. Sie bieten eine natürliche Ausstrahlung und können als Hauptelemente in Aquascapes verwendet werden. Wurzeln können in verschiedenen Formen und Größen gefunden werden und bieten einen idealen Lebensraum für Fische und Garnelen. Holz kann als Akzent in der Landschaft verwendet werden und bietet auch eine natürliche Lebensgrundlage für Pflanzen und Tiere.

Die Verwendung von Hardscape-Materialien ist nicht nur ästhetisch ansprechend, sondern hat auch praktische Vorteile. Ein gut platziertes Stück Hardscape-Material kann das Wachstum von Pflanzen fördern, indem es als Ankerpunkt dient und das Wurzelwachstum unterstützt. Es kann auch dazu beitragen, den pH-Wert und die

Wasserhärte zu regulieren, indem es Mineralien freisetzt und als biologischer Filter dient.

Es ist wichtig, bei der Auswahl der Hardscape-Materialien auch die Bedürfnisse der im Aquarium lebenden Tiere zu berücksichtigen. Zum Beispiel bevorzugen einige Fische und Garnelen bestimmte Arten von Steinen und Wurzeln als Unterschlupf und Versteckmöglichkeiten. Wenn Sie Fische oder Garnelen halten, sollten Sie sicherstellen, dass das von Ihnen gewählte Hardscape-Material ihre Bedürfnisse erfüllt. Bevor Sie mit dem Einrichten Ihres Aquascapes beginnen, sollten Sie sich auch über die richtige Platzierung der Hardscape-Materialien informieren. Eine gut durchdachte Platzierung kann dazu beitragen, ein ausgewogenes und natürliches Aussehen zu erzielen. Einige grundlegende Designprinzipien sind die Verwendung von ungeraden Zahlen, um eine natürliche Ausstrahlung zu erzielen, und die Schaffung von Kontrasten durch die Verwendung von verschiedenen Texturen und Farben.

Die richtige Platzierung von Hardscape-Materialien kann auch dazu beitragen, die Wasserzirkulation im Aquarium zu verbessern. Indem Sie Steine und Wurzeln so anordnen, dass sie Strömungen und Wasserbewegungen beeinflussen, können Sie eine bessere Sauerstoffversorgung und eine gleichmäßige Verteilung von Nährstoffen im Aquarium erreichen. Ein weiterer wichtiger Faktor bei der Verwendung von Hardscape-Materialien ist die Pflege und Wartung. Eine regelmäßige

Reinigung und Überprüfung der Hardscape-Materialien ist notwendig, um sicherzustellen, dass sie in gutem Zustand bleiben und keine schädlichen Auswirkungen auf das Aquarium haben. Vermeiden Sie die Verwendung von Hardscape-Materialien, die stark mit Algen oder Bakterien belastet sind, da sie das Wasser verschmutzen und das Wachstum von Pflanzen beeinträchtigen können.

Beleuchtung im Aquascaping

Aquascaping ist eine faszinierende Form der Aquaristik, die sich nicht nur durch das Anordnen von Pflanzen und Steinen in einem Aquarium auszeichnet, sondern auch durch die Verwendung von Licht, um eine atemberaubende Unterwasserlandschaft zu schaffen. Die Beleuchtung spielt dabei eine entscheidende Rolle und hat einen großen Einfluss auf die Gesundheit der Pflanzen, das Wachstum der Algen und die Farbwiedergabe im Aquarium. Zunächst ist es wichtig zu verstehen, dass Licht für Pflanzen essentiell ist, da sie durch die Photosynthese Energie gewinnen und Wachstum fördern. Im Aquascaping werden in der Regel Pflanzen verwendet, die aus tropischen Regionen stammen und daher viel Licht benötigen. Eine ausreichende Beleuchtung ist daher unerlässlich, um gesundes Wachstum zu fördern.

Eine wichtige Rolle spielt dabei die Intensität des Lichts. Diese wird in Lux gemessen und beschreibt die Helligkeit des Lichts. Je höher die Lux-Zahl, desto heller ist das Licht. Eine angemessene Intensität für Aquascaping-Lampen liegt zwischen 20.000 und 30.000 Lux, wobei diese Werte je nach Größe des Aquariums und der verwendeten Pflanzen variieren können. Neben der Intensität spielt auch die Dauer der Beleuchtung eine wichtige Rolle. Da die meisten Aquarienpflanzen aus tropischen Regionen stammen, benötigen sie eine Beleuchtungsdauer von 10 bis 12 Stunden pro Tag, um ausreichend Energie durch Photosynthese zu gewinnen.

Eine zu kurze Beleuchtungsdauer kann dazu führen, dass die Pflanzen nicht genug Energie produzieren und somit schlecht wachsen. Eine zu lange Beleuchtungsdauer hingegen fördert das Wachstum von Algen und kann zu Problemen im Aquarium führen.

Eine weitere wichtige Komponente der Beleuchtung im Aquascaping ist die Farbwiedergabe. Die meisten Aquarienpflanzen haben eine eigene natürliche Farbe, die unter dem richtigen Licht zur Geltung kommen sollte. Es ist daher wichtig, eine Beleuchtung zu wählen, die die Farben der Pflanzen optimal wiedergibt. Dabei ist zu beachten, dass nicht jedes Lichtspektrum geeignet ist, um die Farben der Pflanzen optimal darzustellen. Im Allgemeinen wird zwischen zwei Arten von Lampen unterschieden: Tageslichtlampen und Pflanzenlampen. Tageslichtlampen haben eine Farbtemperatur von 5.500 bis 6.500 Kelvin und sind in der Lage, die Farben von Pflanzen und Fischen optimal wiederzugeben. Pflanzenlampen hingegen haben ein höheres Blau- und Rotanteil im Spektrum und sind daher besser geeignet, um das Wachstum von Pflanzen zu fördern.

Neben der Wahl der richtigen Lampen ist auch die Platzierung der Lampen im Aquarium von großer Bedeutung. Eine gleichmäßige Verteilung der Beleuchtung sorgt dafür, dass alle Pflanzen genügend Licht erhalten und sich gleichmäßig entwickeln. Dabei sollte darauf geachtet werden, dass keine Schattenbereiche im Aquarium entstehen, da dies das Wachstum der

Pflanzen beeinträchtigen kann. Ein weiterer wichtiger Faktor bei der Platzierung von Lampen ist die Tiefe des Aquariums. Je tiefer das Aquarium ist, desto schwächer wird das Licht in der Regel. Es ist daher wichtig, dass die Beleuchtung entsprechend angepasst wird, um sicherzustellen, dass alle Pflanzen ausreichend Licht erhalten. In der Regel werden für tiefe Aquarien stärkere Lampen oder mehrere Lampen verwendet, um eine ausreichende Beleuchtung zu gewährleisten. Neben der Verwendung von Lampen gibt es auch alternative Methoden, um für ausreichend Licht im Aquarium zu sorgen. Eine Möglichkeit ist die Verwendung von Tageslicht oder indirektem Sonnenlicht. Dabei sollte jedoch darauf geachtet werden, dass das Aquarium keinem direkten Sonnenlicht ausgesetzt wird, da dies zu einem starken Algenwachstum führen kann. Eine weitere Möglichkeit ist die Verwendung von LED-Streifen oder -Punkten, die auf dem Aquariumdeckel oder unterhalb des Aquariums angebracht werden. LED-Beleuchtung hat den Vorteil, dass sie sehr effizient ist und eine breite Palette an Farben und Intensitäten bietet. Es ist jedoch wichtig, eine hochwertige LED-Beleuchtung zu wählen, um sicherzustellen, dass alle Pflanzen ausreichend beleuchtet werden. Neben der Beleuchtung von Pflanzen und Fischen im Aquarium hat die Beleuchtung auch einen ästhetischen Zweck im Aquascaping. Eine gut platzierte Beleuchtung kann die Schönheit des Aquariums unterstreichen und die Unterwasserlandschaft in ein magisches Licht tauchen. Eine interessante Möglichkeit ist hierbei die Verwendung von Lichteffekten wie Farbwechsel oder Lichtstrahlen, um besondere Akzente zu setzen.

Wasserparameter im Aquascaping

Der pH-Wert ist einer der wichtigsten Wasserparameter im Aquascaping. Er gibt an, ob das Wasser sauer oder basisch ist und wird auf einer Skala von 0 bis 14 gemessen. Ein pH-Wert von 7 ist neutral, während ein Wert unter 7 sauer und ein Wert über 7 basisch ist. Der ideale pH-Wert für Aquarien liegt normalerweise zwischen 6,5 und 7,5. Dieser Bereich ist für die meisten Fische und Pflanzen am besten geeignet. Ein pH-Wert außerhalb dieses Bereichs kann zu einer schlechten Wasserqualität und zu Stress bei den Bewohnern des Aquariums führen.

Die Wasserhärte ist ein weiterer wichtiger Wasserparameter im Aquascaping. Sie gibt an, wie viel Calcium- und Magnesiumionen im Wasser gelöst sind. Die Wasserhärte wird in der Regel in Grad deutscher Härte (°dH) gemessen. Eine Wasserhärte von 4-8°dH gilt als weich, während eine Wasserhärte von über 12°dH als hart gilt. Die meisten Fische und Pflanzen bevorzugen weiches Wasser, während hartes Wasser für sie ungünstig sein kann. Die Wasserhärte kann durch Zugabe von destilliertem Wasser oder durch Zugabe von Mineralsalzen wie Calcium und Magnesium erhöht werden. Es ist jedoch wichtig, die Wasserhärte im Auge zu behalten, um sicherzustellen, dass sie im optimalen Bereich für die Bewohner des Aquariums bleibt.

Der Sauerstoffgehalt ist ein weiterer wichtiger Wasserparameter im Aquascaping. Fische und Pflanzen benötigen Sauerstoff, um zu überleben. Der Sauerstoffgehalt wird in der Regel in Milligramm pro Liter (mg/L) gemessen. Ein Sauerstoffgehalt von 5-8 mg/L wird als optimal für die meisten Fische und Pflanzen angesehen. Wenn der Sauerstoffgehalt im Aquarium zu niedrig ist, kann dies zu Problemen bei den Bewohnern des Aquariums führen, einschließlich eines gestörten Stoffwechsels, Atemnot und sogar zum Tod. Der Sauerstoffgehalt kann durch die Zugabe von Luftpumpen oder durch die Erhöhung des Wasserflusses im Aquarium erhöht werden. Es ist wichtig, den Sauerstoffgehalt im Aquarium regelmäßig zu überwachen, um sicherzustellen, dass er im optimalen Bereich bleibt.

Die Wassertemperatur ist ein weiterer wichtiger Wasserparameter im Aquascaping. Sie beeinflusst das Wohlbefinden der Bewohner des Aquariums und das Wachstum von Pflanzen. Die Temperatur wird in der Regel in Grad Celsius (°C) gemessen. Die ideale Wassertemperatur für die meisten Fische und Pflanzen liegt zwischen 24-26°C. Einige Fischarten haben jedoch andere Temperaturbedürfnisse und es ist wichtig, sicherzustellen, dass die Wassertemperatur im Aquarium für alle Bewohner geeignet ist. Die Wassertemperatur kann durch die Verwendung von Heizern oder Kühlsystemen im Aquarium reguliert werden. Es ist wichtig, die Wassertemperatur regelmäßig zu überwachen und anzupassen, um sicherzustellen, dass sie im optimalen Bereich für die Bewohner des Aquariums bleibt.

Der Ammoniak- und Nitritgehalt sind weitere wichtige Wasserparameter im Aquascaping. Ammoniak entsteht durch den Abbau von organischen Stoffen wie Fischfutter und Fischausscheidungen. Nitrit entsteht durch den Abbau von Ammoniak durch Bakterien im Aquarium. Hohe Konzentrationen von Ammoniak und Nitrit können zu einer schlechten Wasserqualität und zu Stress bei den Bewohnern des Aquariums führen. Ein zu hoher Ammoniak- und Nitritgehalt kann sogar zu Vergiftungen und zum Tod der Bewohner führen. Es ist wichtig, regelmäßig Wasserwechsel durchzuführen und die Filter im Aquarium zu reinigen, um den Ammoniak- und Nitritgehalt im Aquarium niedrig zu halten. Es ist auch empfehlenswert, den Ammoniak- und Nitritgehalt im Aquarium regelmäßig zu testen, um sicherzustellen, dass er im optimalen Bereich bleibt.

Der Phosphatgehalt ist ein weiterer wichtiger Wasserparameter im Aquascaping. Phosphat ist ein Nährstoff, der von Pflanzen benötigt wird, um zu wachsen. Ein zu hoher Phosphatgehalt im Aquarium kann jedoch zu übermäßigem Algenwachstum führen, was das Ökosystem im Aquarium aus dem Gleichgewicht bringen kann. Es ist wichtig, den Phosphatgehalt im Aquarium niedrig zu halten, um ein gesundes Ökosystem zu gewährleisten. Der Phosphatgehalt kann durch die Verwendung von Phosphatentfernern oder durch die Zugabe von Pflanzennährstoffen reguliert werden.

Doch wie kann man diese Parameter effektiv überwachen, um sicherzustellen, dass das Aquarium ein gesundes Ökosystem bietet? Testkits sind eine der effektivsten Methoden zur Überwachung der Wasserparameter im Aquascaping. Es gibt eine Vielzahl von Testkits auf dem Markt, die speziell für die Überwachung der verschiedenen Wasserparameter entwickelt wurden, wie pH-Wert, Wasserhärte, Sauerstoffgehalt, Ammoniak- und Nitritgehalt und Phosphatgehalt. Die meisten Testkits sind einfach zu bedienen und erfordern nur eine kleine Menge Wasser aus dem Aquarium, um die Ergebnisse zu liefern. Einige Testkits sind auch digital und liefern genaue Messergebnisse in Echtzeit. Es ist jedoch wichtig, sicherzustellen, dass die Testkits regelmäßig kalibriert werden, um genaue Ergebnisse zu gewährleisten. Wenn man Testkits zur Überwachung der Wasserparameter verwendet, ist es wichtig, sie regelmäßig zu verwenden, um sicherzustellen, dass die Wasserparameter im optimalen Bereich bleiben. Es ist auch eine gute Idee, eine Aufzeichnung der Ergebnisse zu führen, um Änderungen im Laufe der Zeit zu verfolgen und Anpassungen vorzunehmen, wenn dies erforderlich ist.

Automatische Überwachungssysteme sind eine weitere Möglichkeit zur Überwachung der Wasserparameter im Aquascaping. Diese Systeme verwenden Sensoren, um die verschiedenen Wasserparameter wie pH-Wert, Wasserhärte und Sauerstoffgehalt kontinuierlich zu überwachen. Wenn ein Parameter außerhalb des optimalen

Bereichs liegt, wird das System einen Alarm auslösen oder automatisch Anpassungen vornehmen, um den Parameter wieder in den optimalen Bereich zu bringen. Einige automatische Überwachungssysteme können auch mit einem Smartphone oder Tablet verbunden werden, so dass man die Wasserparameter jederzeit und von überall aus überwachen kann. Automatische Überwachungssysteme können eine effektive Methode zur Überwachung der Wasserparameter sein, insbesondere für größere Aquarien oder für Aquarien, die einen höheren Grad an Präzision erfordern. Es ist jedoch wichtig sicherzustellen, dass das System ordnungsgemäß installiert und kalibriert ist, um genaue Ergebnisse zu gewährleisten.

Visuelle Überwachung ist eine weitere Methode zur Überwachung der Wasserparameter im Aquascaping. Durch regelmäßige Beobachtung des Aquariums kann man Veränderungen im Verhalten der Fische oder im Wachstum der Pflanzen bemerken, die auf Probleme mit den Wasserparametern hinweisen können. Zum Beispiel können Fische, die gestresst oder unruhig sind, auf einen zu hohen Ammoniak- oder Nitritgehalt im Wasser hinweisen. Wenn die Pflanzen im Aquarium nicht richtig wachsen oder gelb werden, kann dies auf einen zu niedrigen Sauerstoffgehalt oder eine falsche Beleuchtung hinweisen Visuelle Überwachung erfordert jedoch eine gewisse Erfahrung und Kenntnisse über die Bedürfnisse der Fische und Pflanzen im Aquarium. Es kann auch schwierig sein, Veränderungen im Verhalten oder

Wachstum zu bemerken, wenn man nicht regelmäßig das Aquarium beobachtet. Um die visuelle Überwachung effektiver zu gestalten, ist es eine gute Idee, das Aquarium regelmäßig zu reinigen und zu warten. Durch die Entfernung von abgestorbenen Pflanzen und Futterresten kann man die Wasserqualität verbessern und die Wahrscheinlichkeit von Problemen verringern.

Die effektivste Methode zur Überwachung der Wasserparameter im Aquascaping ist eine Kombination aus verschiedenen Methoden. Die Verwendung von Testkits, automatischen Überwachungssystemen und visueller Überwachung kann dazu beitragen, dass man alle Wasserparameter im Auge behält und Probleme schnell erkennt. Es ist wichtig, regelmäßig alle Methoden zur Überwachung der Wasserparameter zu verwenden und Aufzeichnungen über die Ergebnisse zu führen, um Veränderungen im Laufe der Zeit zu verfolgen. Durch die Einhaltung der optimalen Wasserparameter kann ein gesundes und blühendes Ökosystem im Aquarium geschaffen werden, das sowohl Fischen als auch Pflanzen ein angenehmes Zuhause bietet.

CO2-Düngung im Aquascaping

CO2-Düngung ist ein wichtiger Aspekt des Aquascapings, um ein gesundes Wachstum von Pflanzen zu fördern und ein lebendiges Ökosystem im Aquarium zu schaffen. In dem folgenden werden wir uns ausführlich mit der CO2-Düngung im Aquascaping befassen und die verschiedenen Methoden zur CO2-Düngung erläutern.

Warum ist CO2-Düngung wichtig?

CO2 ist ein wichtiger Nährstoff für Pflanzen und spielt eine entscheidende Rolle bei der Photosynthese. Pflanzen nehmen CO2 auf und produzieren Sauerstoff und Zucker, die sie für ihr Wachstum und ihre Entwicklung benötigen. In einem Aquarium mit einer hohen Anzahl von Pflanzen kann es jedoch schwierig sein, genügend CO2 bereitzustellen, um ein optimales Pflanzenwachstum zu fördern. Durch die CO2-Düngung im Aquascaping kann man die Menge an CO2 im Wasser erhöhen und somit das Wachstum von Pflanzen fördern. Eine effektive CO2-Düngung kann auch dazu beitragen, Algenwachstum zu reduzieren, da die Pflanzen mehr Nährstoffe aufnehmen und somit weniger Nährstoffe für das Algenwachstum zur Verfügung stehen.

Methoden zur CO2-Düngung

Es gibt verschiedene Methoden zur CO2-Düngung im Aquascaping. Jede Methode hat ihre Vor- und Nachteile und es ist wichtig, die richtige Methode für das eigene Aquarium zu wählen.

1. CO2-Injektion

Die CO2-Injektion ist die beliebteste Methode zur CO2-Düngung im Aquascaping. Hierbei wird CO2-Gas über einen speziellen Diffusor in das Aquarium eingebracht. Der Diffusor zerteilt das CO2-Gas in kleine Blasen, die dann im Wasser aufsteigen und von den Pflanzen aufgenommen werden. Die CO2-Injektion ist eine effektive Methode zur CO2-Düngung, da sie eine genaue Kontrolle über die CO2-Menge im Aquarium ermöglicht. Es ist jedoch wichtig, sicherzustellen, dass die CO2-Menge im optimalen Bereich bleibt, da eine zu hohe CO2-Konzentration im Wasser zu Problemen bei den Bewohnern des Aquariums führen kann.

2. Bio-CO2

Bio-CO2 ist eine Alternative zur CO2-Injektion. Hierbei wird CO2 durch die Verwendung von Hefe und Zucker produziert. Die Hefe setzt CO2 frei, wenn sie den Zucker zersetzt. Die Bio-CO2-Methode ist kostengünstiger als die CO2-Injektion, erfordert jedoch eine größere Menge an Hefe und Zucker, um eine ausreichende Menge an CO2 zu produzieren. Die Bio-CO2-Methode ist auch weniger genau als die CO2-Injektion, da es schwierig ist, die Menge an CO2 zu kontrollieren, die produziert wird.

3. Flüssiges CO2

Flüssiges CO2 ist eine weitere Methode zur CO2-Düngung im Aquascaping. Hierbei wird eine flüssige CO2-Lösung direkt in das Aquarium gegeben. Die flüssige CO2-Methode ist eine einfache und kostengünstige Alternative zur CO2-Injektion. Sie erfordert jedoch eine regelmäßige Anwendung, um die CO2-Konzentration im optimalen Bereich zu halten.

4. Oberflächenbewegung

Eine weitere Methode zur CO2-Düngung im Aquascaping ist die Oberflächenbewegung. Hierbei wird das Wasser im Aquarium in Bewegung gehalten, um die CO2-Konzentration im Wasser zu erhöhen. Durch die Bewegung des Wassers wird Sauerstoff aus der Luft aufgenommen und CO2 abgegeben.

Die Oberflächenbewegung ist eine natürliche Methode zur CO2-Düngung, die jedoch weniger effektiv ist als die CO2-Injektion oder andere Methoden. Sie eignet sich jedoch gut für kleinere Aquarien oder für Aquarien, die keine anderen CO2-Düngemethoden verwenden können.

Wasserwechsel und Filterung im Aquascaping

Aquascaping ist eine faszinierende Kunstform, bei der das Leben unter Wasser in einer natürlichen Umgebung nachgebildet wird. Ein wichtiger Aspekt des Aquascapings ist das Schaffen eines gesunden und stabilen Ökosystems im Aquarium. Hierbei spielen Wasserwechsel und Filterung eine entscheidende Rolle. Wasserwechsel und Filterung sind eng miteinander verbunden und sind beiden von großer Bedeutung für die Gesundheit von Fischen und Pflanzen im Aquarium. Das Wasser im Aquarium enthält Abfallprodukte von Fischen und Pflanzen, wie zum Beispiel Ammoniak, Nitrit und Nitrat. Diese Abfallprodukte können im Laufe der Zeit zu einer Verschlechterung der Wasserqualität führen, die sich negativ auf die Gesundheit der Aquarienbewohner auswirken kann. Ein regelmäßiger Wasserwechsel ist ein wichtiger Teil der Aquarienpflege, da er dazu beiträgt, dass sich das Aquariumwasser in einem stabilen und gesunden Zustand befindet. Durch den Wasserwechsel wird ein Teil des verschmutzten Wassers aus dem Aquarium entfernt und durch frisches, sauberes Wasser ersetzt. Dies hilft dabei, die Konzentration von Abfallprodukten im Wasser zu reduzieren und somit das Risiko von Krankheiten und Todesfällen bei Fischen und Pflanzen im Aquarium zu verringern. Es ist wichtig, regelmäßige Wasserwechsel durchzuführen, um sicherzustellen, dass das Aquariumwasser sauber und gesund bleibt. Die Häufigkeit und der Umfang des

Wasserwechsels hängen von verschiedenen Faktoren ab, wie der Größe des Aquariums, der Anzahl der Fische und Pflanzen und dem Filtrationssystem im Aquarium. Als Faustregel gilt, dass ein wöchentlicher Wasserwechsel von etwa 25-30% des Aquariumvolumens ausreichend ist, um die Wasserqualität im Aquarium auf einem stabilen und gesunden Niveau zu halten. Ein weiterer wichtiger Aspekt der Aquarienpflege ist die Filterung des Aquariumwassers. Ein effektives Filtersystem im Aquarium hilft dabei, die Abfallprodukte von Fischen und Pflanzen aus dem Wasser zu entfernen und somit das Risiko von Krankheiten und Todesfällen bei den Aquarienbewohnern zu verringern. Es gibt viele verschiedene Arten von Filtern, die in Aquarien verwendet werden können, und die Wahl des richtigen Filtersystems hängt von verschiedenen Faktoren ab. In diesem Abschnitt werden wir die verschiedenen Arten von Filtern besprechen und wie man das richtige Filtersystem für ein Aquascape auswählt.

Innenfilter

Innenfilter sind die am häufigsten verwendeten Filtersysteme in Aquarien. Sie sind einfach zu installieren und zu warten und eignen sich besonders für kleine Aquarien. Innenfilter arbeiten durch das Pumpen von Wasser durch einen Schwamm oder eine andere Filtermedien, um Abfallprodukte aus dem Wasser zu entfernen. Ein großer Vorteil von Innenfiltern ist ihre Flexibilität. Sie können in einer Vielzahl von Aquarien eingesetzt werden, unabhängig von ihrer Größe oder Form. Außerdem sind sie im Vergleich zu anderen Filtersystemen relativ günstig und einfach zu warten. Ein Nachteil von Innenfiltern ist jedoch, dass sie möglicherweise nicht leistungsstark genug sind, um größere Aquarien effektiv zu filtern. Innenfilter sind auch möglicherweise nicht so effektiv bei der Entfernung von Schadstoffen aus dem Wasser wie andere Filtersysteme.

Außenfilter

Außenfilter sind leistungsstärker als Innenfilter und eignen sich besser für größere Aquarien. Sie arbeiten durch das Pumpen von Wasser aus dem Aquarium durch einen Filter, der die Abfallprodukte aus dem Wasser entfernt, bevor es wieder in das Aquarium zurückgepumpt wird. Der Hauptvorteil von Außenfiltern ist ihre hohe Leistung und Effektivität bei der Entfernung von Schadstoffen aus dem Wasser. Außerdem sind sie in der Regel leiser als Innenfilter und haben eine größere Kapazität für Filtermedien. Ein Nachteil von Außenfiltern ist, dass sie in der Regel teurer sind als Innenfilter und schwieriger zu installieren und zu warten sind. Sie sind auch möglicherweise nicht so flexibel wie Innenfilter und können möglicherweise nicht in allen Arten von Aquarien eingesetzt werden.

Hamburger Mattenfilter

Hamburger Mattenfilter sind eine relativ neue Art von Filtersystemen, die immer beliebter werden. Sie bestehen aus einer dichten Schaumstoffmatte, die im Aquarium platziert wird und als Filtermedium dient. Wasser fließt durch die Matte, während Schadstoffe und Partikel im Schaumstoff hängen bleiben. Ein Vorteil von Hamburger Mattenfiltern ist, dass sie sehr effektiv bei der Entfernung von Schadstoffen aus dem Wasser sind. Sie sind auch sehr langlebig und erfordern nur minimalen Wartungsaufwand. Ein Nachteil von Hamburger Mattenfiltern ist, dass sie möglicherweise nicht so flexibel sind wie andere Filtersysteme und möglicherweise nicht in allen Arten von Aquarien verwendet werden können. Sie können auch teurer sein als andere Filtersysteme.

Fluidisierte Bettenfilter

Fluidisierte Bettenfilter sind ein weiteres Filtersystem, das in Aquarien verwendet werden kann. Sie bestehen aus einem Zylinder, der mit kleinen Kugeln gefüllt ist, die als Filtermedium dienen. Wasser wird durch die Kugeln gepumpt, wodurch Schadstoffe und Partikel aus dem Wasser entfernt werden. Ein Vorteil von fluidisierten Bettenfiltern ist, dass sie sehr effektiv bei der Entfernung von Schadstoffen aus dem Wasser sind und eine hohe

Kapazität haben, um große Mengen an Wasser zu filtern. Sie erfordern auch nur minimalen Wartungsaufwand. Ein Nachteil von fluidisierten Bettenfiltern ist, dass sie in der Regel teuer sind und einen hohen Stromverbrauch haben. Sie können auch schwieriger zu installieren und zu warten sein als andere Filtersysteme.

Sumpffilter

Sumpffilter sind ein weiteres Filtersystem, das in Aquarien verwendet werden kann. Sie bestehen aus einem separaten Tank, der unter dem Aquarium platziert wird und als Filtermedium dient. Wasser wird aus dem Aquarium in den Sumpf gepumpt, wo es durch Filtermedien fließt, bevor es wieder in das Aquarium zurückgepumpt wird. Ein Vorteil von Sumpffiltern ist, dass sie sehr leistungsstark und effektiv bei der Entfernung von Schadstoffen aus dem Wasser sind. Sie bieten auch eine große Kapazität für Filtermedien und können in einer Vielzahl von Aquarien eingesetzt werden. Ein Nachteil von Sumpffiltern ist, dass sie möglicherweise teurer sind als andere Filtersysteme und schwieriger zu installieren und zu warten sind. Sie können auch möglicherweise nicht so flexibel sein wie andere Filtersysteme und müssen möglicherweise an das Design des Aquariums angepasst werden.

Auswahl des richtigen Filters für ein Aquascape

Die Auswahl des richtigen Filters für ein Aquascape hängt von verschiedenen Faktoren ab, wie der Größe des Aquariums, der Anzahl der Fische und Pflanzen, dem gewünschten Wasserfluss und der Ästhetik des Aquariums. Bei der Auswahl eines Filters für ein Aquascape ist es wichtig, die Größe des Aquariums zu berücksichtigen. Größere Aquarien erfordern in der Regel leistungsstärkere Filtersysteme, um effektiv zu arbeiten. Es ist auch wichtig, die Anzahl der Fische und Pflanzen im Aquarium zu berücksichtigen, da sie alle Abfallprodukte produzieren, die aus dem Wasser entfernt werden müssen. Es ist auch wichtig, den gewünschten Wasserfluss im Aquarium zu berücksichtigen. Einige Filtersysteme, wie zum Beispiel Innenfilter, können den Wasserfluss in einem Aquarium beeinträchtigen, während andere Filtersysteme, wie zum Beispiel Außenfilter, den Wasserfluss erhöhen können. Die Ästhetik des Aquariums ist auch ein wichtiger Faktor bei der Auswahl eines Filtersystems. Einige Filtersysteme, wie zum Beispiel Hamburger Mattenfilter, sind möglicherweise weniger sichtbar als andere Filtersysteme und können somit besser für Aquarien geeignet sein, die auf ein minimalistisches Design ausgerichtet sind.

Aquascaping-Layouts

Die Schönheit von Aquascaping-Layouts liegt darin, dass sie in einer völlig anderen Umgebung als die traditionelle Landschaftsgestaltung funktionieren. Es gibt verschiedene Arten von Aquascaping-Layouts, von denen jede ihre eigenen Vor- und Nachteile hat. Die wichtigsten Arten von Aquascaping-Layouts sind:

1. Iwagumi: Dieser Stil ist einfach und minimal. Er konzentriert sich auf die Verwendung von nur einem oder zwei Arten von Steinen, die auf eine Art und Weise angeordnet sind, die die Schönheit der Steine hervorhebt. Der Iwagumi-Stil basiert auf der japanischen Gärtnerei und ist stark von Zen-Philosophie geprägt.

2. Nature Aquarium: Dieser Stil ist komplexer und zeigt eine breitere Vielfalt an Pflanzen und Steinen. Der Nature Aquarium-Stil ist inspiriert von der natürlichen Schönheit von Flüssen und Seen. Die Pflanzen und Steine sind so angeordnet, dass sie eine natürliche Unterwasserlandschaft nachahmen.

3. Dutch Aquarium: Dieser Stil ist bekannt für seine Verwendung von Pflanzen. Der Dutch Aquarium-Stil ist inspiriert von den Blumenfeldern in Holland und zeigt eine breite Palette von Farben und Texturen. Es ist ein sehr anspruchsvoller Stil und erfordert viel Pflege und Aufmerksamkeit.

4. Biotope Aquarium: Dieser Stil ist auf die Nachbildung einer bestimmten Unterwasserumgebung ausgerichtet. Es kann sich um einen Fluss, einen See oder ein Riff handeln. Der Biotope Aquarium-Stil erfordert viel Forschung und Vorbereitung, um die natürliche Umgebung so genau wie möglich nachzubilden.

Erstellung eines Aquascaping-Layouts

Die Erstellung eines Aquascaping-Layouts erfordert Geduld, Planung und Kreativität. Hier sind einige Schritte, die Sie befolgen können, um Ihr eigenes Aquascaping-Layout zu erstellen:

1. Planen Sie Ihre Layout-Struktur: Überlegen Sie, welche Art von Aquascaping-Stil Sie möchten und erstellen Sie eine Skizze oder ein Modell Ihrer geplanten Anordnung. Berücksichtigen Sie dabei die Größe und Form Ihres Aquariums sowie den Standort Ihrer Filter und Heizung.

2. Wählen Sie Ihre Pflanzen und Steine aus: Wählen Sie Pflanzen und Steine aus, die zu Ihrem gewählten Stil passen und eine natürliche Ausstrahlung haben. Berücksichtigen Sie dabei die Lichtbedürfnisse und die Wachstumsgeschwindigkeit der Pflanzen sowie die Größe und Form der Steine.

3. Platzieren Sie Ihre Elemente: Platzieren Sie Ihre Elemente in Ihrem Aquarium und passen Sie sie an Ihre Skizze oder Ihr Modell an. Stellen Sie sicher, dass Sie genügend Platz zwischen den Pflanzen und Steinen lassen, damit sie wachsen und sich entwickeln können.

4. Fügen Sie Dekorationen hinzu: Fügen Sie nach Bedarf Dekorationen wie Wurzeln oder Höhlen hinzu, um eine natürliche Umgebung zu schaffen. Diese Dekorationen können auch dazu beitragen, das Wasser zu filtern und die Wasserqualität zu verbessern.

5. Befüllen Sie das Aquarium: Füllen Sie das Aquarium mit Wasser und überprüfen Sie die Wasserqualität. Lassen Sie das Aquarium einige Tage lang zirkulieren, um sicherzustellen, dass alle Systeme ordnungsgemäß funktionieren.

Design-Prinzipien für Aquascaping-Layouts

Aquascaping-Layouts basieren auf denselben Design-Prinzipien wie traditionelle Landschaftsarchitektur. Die wichtigsten Design-Prinzipien sind:

1. Balance: Schaffen Sie eine ausgewogene Anordnung von Pflanzen und Steinen, um eine harmonische Unterwasserlandschaft zu schaffen.

2. Fokuspunkt: Schaffen Sie einen Fokuspunkt oder einen visuellen Schwerpunkt in Ihrem Layout, um das Auge des Betrachters zu lenken.

3. Farbe: Wählen Sie eine Palette von Farben, die zu Ihrem gewählten Stil passen, um eine einheitliche und ansprechende Umgebung zu schaffen.

4. Kontrast: Setzen Sie Kontraste zwischen den verschiedenen Elementen in Ihrem Layout, um visuelles Interesse zu erzeugen und die Aufmerksamkeit auf bestimmte Bereiche zu lenken.

5. Perspektive: Schaffen Sie eine Perspektive in Ihrem Layout, um Tiefe und Dimension zu erzeugen.

Pflege des Aquascaping-Layouts

Die Pflege eines Aquascaping-Layouts erfordert regelmäßige Aufmerksamkeit und Wartung, um sicherzustellen, dass die Pflanzen und Fische in einer gesunden Umgebung leben können. Hier sind einige Tipps zur Pflege Ihres Aquascaping-Layouts:

1. Wasserwechsel: Führen Sie regelmäßige Wasserwechsel durch, um die Wasserqualität zu erhalten und Schadstoffe aus dem Aquarium zu entfernen.

2. Düngung: Düngen Sie Ihre Pflanzen regelmäßig, um sicherzustellen, dass sie genügend Nährstoffe haben, um zu wachsen und sich zu entwickeln.

3. Beleuchtung: Stellen Sie sicher, dass Ihre Pflanzen genügend Licht haben, um zu wachsen, aber vermeiden Sie übermäßige Beleuchtung, da dies zu Algenwachstum führen kann.

4. Filterung: Verwenden Sie einen geeigneten Filter, um das Wasser zu reinigen und Schadstoffe zu entfernen.

5. Fütterung: Füttern Sie Ihre Fische in Maßen, um sicherzustellen, dass sie genügend Nahrung haben, aber vermeiden Sie Überfütterung, da dies zu einer Überlastung des Filters führen kann.

Gestaltung von Felsen im Aquascaping

Die erste Art von Felsen, die wir betrachten wollen, sind die Kalksteinfelsen. Diese Felsen sind aufgrund ihrer hohen Karbonatgehalte in der Lage, das Wasser zu härten. Dies kann sowohl ein Vor- als auch ein Nachteil sein, je nachdem, welche Art von Aquascape man gestalten möchte. Wenn man beispielsweise eine Pflanzenlandschaft gestalten möchte, ist ein hartes Wasser in der Regel nicht ideal. Wenn man jedoch eine Aquascape mit Fischen und Wirbellosen gestalten möchte, kann ein hartes Wasser vorteilhaft sein. Kalksteinfelsen sind in der Regel auch sehr stabil und können daher als Grundgerüst für eine Aquascape dienen.

Die nächste Art von Felsen, die wir betrachten wollen, sind die Lavafelsen. Lavafelsen sind poröse Gesteine, die aus erkaltetem Lava bestehen. Sie sind aufgrund ihrer porösen Struktur sehr leicht und können daher einfach bewegt und positioniert werden. Sie sind auch sehr dekorativ und können aufgrund ihrer dunklen Farbe und der verschiedenen Texturen, die sie aufweisen können, eine schöne Ergänzung zu einer Aquascape sein.

Ein weiterer interessanter Felsentyp im Aquascaping ist der Basalt. Basalt ist ein vulkanisches Gestein, das in der Regel dunkelgrau oder schwarz ist. Basaltfelsen sind sehr hart und können daher eine gute Wahl sein, wenn man eine Aquascape mit starken Strömungen gestalten möchte. Sie sind auch sehr widerstandsfähig gegen Erosion und können daher lange Zeit in einer Aquascape verwendet werden.

Granit ist eine weitere Art von Felsen, die im Aquascaping verwendet werden können. Granit ist ein magmatisches Gestein, das in der Regel aus Quarz, Feldspat und Glimmer besteht. Granitfelsen sind sehr hart und langlebig und können daher eine gute Wahl sein, wenn man eine Aquascape gestalten möchte, die lange halten soll. Sie sind auch sehr dekorativ und können aufgrund ihrer verschiedenen Farben und Texturen eine schöne Ergänzung zu einer Aquascape sein.

Ein weiterer Felsentyp im Aquascaping ist der Sandstein. Sandstein ist ein Sedimentgestein, das aus Sandkörnern besteht, die durch die Ablagerung von Sedimenten gebunden werden. Sandsteinfelsen sind in der Regel sehr weich und porös und können daher leicht geformt werden. Sie sind auch sehr dekorativ und können aufgrund ihrer verschiedenen Farben und Texturen eine schöne Ergänzung zu einer Aquascape sein. Schließlich gibt es noch die Gneisfelsen. Gneis ist ein metamorphes Gestein, das aus Quarz, Feldspat und Glimmer besteht. Gneisfelsen sind sehr hart und langlebig und können daher eine gute Wahl sein, wenn man eine Aquascape gestalten möchte, die lange halten soll. Sie sind auch sehr dekorativ und können aufgrund ihrer verschiedenen Farben und Texturen eine schöne Ergänzung zu einer Aquascape sein. Gneisfelsen können auch in verschiedenen Formen und Größen gefunden werden, was sie zu einer vielseitigen

Wahl für die Gestaltung von Aquascapes macht. Bei der Wahl von Felsen für eine Aquascape ist es wichtig zu berücksichtigen, dass sie das Wasserchemie beeinflussen können. Kalksteinfelsen können das Wasser härten, während Basalt- und Granitfelsen das Wasser in der Regel nicht beeinflussen. Wenn man eine bestimmte Wasserchemie für die Aquascape benötigt, sollte man dies bei der Auswahl der Felsen berücksichtigen. Die Wahl der richtigen Felsen für eine Aquascape hängt auch davon ab, welche Art von Aquascape man gestalten möchte. Wenn man eine Pflanzenlandschaft gestalten möchte, kann es besser sein, weichere Felsen wie Sandstein oder Lavafelsen zu verwenden. Wenn man jedoch eine Aquascape mit Wirbellosen oder Fischen gestalten möchte, kann es besser sein, Felsen wie Kalkstein oder Basalt zu verwenden. Es ist auch wichtig zu berücksichtigen, dass die Platzierung der Felsen in einer Aquascape wichtig ist. Die Felsen sollten so platziert werden, dass sie eine natürliche Umgebung schaffen und gleichzeitig ein visuelles Interesse bieten. Man sollte auch darauf achten, dass die Felsen stabil und sicher platziert sind, um mögliche Schäden an der Aquascape und ihren Bewohnern zu vermeiden. Abschließend lässt sich sagen, dass die Wahl der richtigen Felsen für eine Aquascape eine wichtige Rolle bei der Gestaltung und Pflege einer erfolgreichen Unterwasserlandschaft spielt. Es gibt verschiedene Arten von Felsen mit unterschiedlichen Eigenschaften und Gestaltungsmöglichkeiten, die je nach Bedarf ausgewählt werden können. Es ist auch wichtig zu berücksichtigen, wie die Felsen das Wasserchemie beeinflussen und wie sie in der Aquascape platziert werden, um eine natürliche Umgebung zu schaffen und gleichzeitig ein visuelles Interesse zu bieten.

Gestaltung von Wurzeln im Aquascaping

Die Gestaltung von Wurzeln im Aquascaping ist eine weitere wichtige Komponente, die dazu beiträgt, eine natürliche und ansprechende Unterwasserlandschaft zu schaffen. Wurzeln bieten nicht nur visuelles Interesse, sondern auch ein natürliches Habitat und Verstecke für die Bewohner der Aquascape.

Es gibt verschiedene Arten von Wurzeln, die im Aquascaping verwendet werden können. Eine der beliebtesten Arten ist die Mangrovenwurzel. Diese Wurzel hat eine einzigartige Form und Textur und kann sowohl als dekoratives Element als auch als Versteck für Fische und Wirbellose dienen. Mangrovenwurzeln können auch dazu beitragen, den pH-Wert des Wassers zu senken, was sie zu einer idealen Wahl für Aquascapes mit Pflanzen und Tieren aus weichen Wasserbedingungen macht.

Eine weitere beliebte Wahl für die Gestaltung von Wurzeln im Aquascaping sind die sogenannten "Spiderwood" Wurzeln. Diese Wurzeln haben eine feine, verzweigte Textur und können in verschiedenen Formen und Größen gefunden werden. Spiderwood-Wurzeln sind auch sehr leicht und können daher einfach in einer Aquascape bewegt und positioniert werden. Sie sind auch sehr dekorativ und können aufgrund ihrer verschiedenen Farben und Texturen eine schöne Ergänzung zu einer Aquascape sein.

Bogwood ist eine weitere Art von Wurzel, die im Aquascaping verwendet werden kann. Diese Wurzel stammt aus Flussbetten und hat eine einzigartige Form und Textur. Bogwood-Wurzeln sind in der Regel sehr hart und langlebig und können daher eine gute Wahl sein, wenn man eine Aquascape gestalten möchte, die lange halten soll. Sie sind auch sehr dekorativ und können aufgrund ihrer verschiedenen Farben und Texturen eine schöne Ergänzung zu einer Aquascape sein.

Bei der Wahl von Wurzeln für eine Aquascape ist es wichtig zu berücksichtigen, welche Art von Wurzeln am besten zu den anderen Elementen der Aquascape passt. Zum Beispiel können Wurzeln mit dunkleren Farben und raue Textur gut mit Kies oder Sand kombiniert werden, während Wurzeln mit helleren Farben und feiner Textur besser mit Pflanzen kombiniert werden können. Es ist auch wichtig zu berücksichtigen, welche Tiere in der Aquascape leben werden und welche Art von Habitat sie bevorzugen.

Die Platzierung der Wurzeln in einer Aquascape ist auch ein wichtiger Faktor bei der Gestaltung. Wurzeln sollten so platziert werden, dass sie eine natürliche Umgebung schaffen und gleichzeitig ein visuelles Interesse bieten. Man sollte auch darauf achten, dass die Wurzeln stabil und sicher platziert sind, um mögliche Schäden an der Aquascape und ihren Bewohnern zu vermeiden.

Um das Aussehen der Wurzeln in einer Aquascape zu verbessern, können sie auch mit verschiedenen Pflanzen kombiniert werden. Pflanzen wie Anubias oder Farnen können auf den Wurzeln gepflanzt werden, um eine natürliche und organische Umgebung zu schaffen. Pflanzen können auch dazu beitragen, das Wasser zu reinigen und den Sauerstoffgehalt in der Aquascape zu erhöhen, was für die Gesundheit der Bewohner sehr wichtig ist. Ein weiterer Faktor, der bei der Gestaltung von Wurzeln im Aquascaping berücksichtigt werden sollte, ist die Art und Weise, wie sie im Laufe der Zeit verändern. Einige Wurzeln können im Laufe der Zeit ihre Farbe oder Textur verändern, während andere sich zersetzen und abgebaut werden können. Es ist wichtig, dies bei der Wahl der Wurzeln und bei der Platzierung in der Aquascape zu berücksichtigen, um sicherzustellen, dass die Aquascape nicht beeinträchtigt wird.

Schließlich ist es auch wichtig, die Wartung der Wurzeln in einer Aquascape zu berücksichtigen. Wurzeln können Algenwachstum und Schmutzablagerungen aufnehmen, was die Wasserqualität beeinträchtigen kann. Es ist wichtig, die Wurzeln regelmäßig zu reinigen, um sicherzustellen, dass sie in gutem Zustand bleiben und keine negativen Auswirkungen auf die Aquascape haben. Insgesamt ist die Gestaltung von Wurzeln im Aquascaping eine wichtige Komponente, die dazu beiträgt, eine natürliche und ansprechende Unterwasserlandschaft zu schaffen. Es gibt verschiedene Arten von Wurzeln mit unterschiedlichen Eigenschaften und Gestaltungsmöglichkeiten, die je nach Bedarf ausgewählt werden können. Es ist auch wichtig zu berücksichtigen, wie die Wurzeln in der Aquascape platziert werden, um eine natürliche Umgebung zu schaffen und gleichzeitig ein visuelles Interesse zu bieten. Die Wartung der Wurzeln ist ebenfalls wichtig, um sicherzustellen, dass sie in gutem Zustand bleiben und keine negativen Auswirkungen auf die Aquascape haben.

Gestaltung von Höhlen und Verstecken im Aquascaping

Die Gestaltung von Höhlen und Verstecken im Aquascaping ist ein wichtiger Aspekt, der oft übersehen wird, aber eine große Auswirkung auf die Gesundheit und das Wohlbefinden der Bewohner einer Aquascape hat. Höhlen und Verstecke bieten einen natürlichen Schutz vor Raubtieren und Stressfaktoren, wie zum Beispiel Licht und Geräusche. Eine der einfachsten und beliebtesten Möglichkeiten, Höhlen und Verstecke in einer Aquascape zu schaffen, ist die Verwendung von Steinen. Steine können einfach gestapelt oder angeordnet werden, um Höhlen und Verstecke zu bilden. Es ist wichtig, darauf zu achten, dass die Steine stabil und sicher platziert sind, um Schäden an der Aquascape und ihren Bewohnern zu vermeiden. Steine können auch in Kombination mit anderen Materialien wie Sand und Wurzeln verwendet werden, um eine natürliche Umgebung zu schaffen.

Eine andere Möglichkeit, Höhlen und Verstecke in einer Aquascape zu gestalten, ist die Verwendung von Ton- oder Terrakotta-Töpfen. Diese Töpfe können auf den Kopf gestellt werden, um eine Höhle zu bilden, oder auf die Seite gelegt werden, um ein Versteck zu schaffen. Es ist wichtig sicherzustellen, dass die Töpfe keine scharfen Kanten haben und dass sie stabil und sicher platziert sind. Eine weitere Möglichkeit, Höhlen und Verstecke in einer Aquascape zu schaffen, ist die Verwendung von Kokosnussschalen. Kokosnussschalen sind in der Regel sehr stabil und können einfach in eine Aquascape integriert werden. Sie bieten auch eine natürliche Umgebung und können einfach in Kombination mit anderen Materialien wie Wurzeln und Pflanzen verwendet werden. Eine weitere Möglichkeit, Höhlen und Verstecke in einer Aquascape zu schaffen, ist die Verwendung von Schiefer- oder Gesteinsplatten. Diese Platten können einfach aufgestellt oder in Kombination mit anderen Materialien wie Steinen und Pflanzen verwendet werden, um eine natürliche Umgebung zu schaffen. Es ist wichtig, darauf zu achten, dass die Platten sicher platziert sind, um mögliche Schäden an der Aquascape und ihren Bewohnern zu vermeiden.

Es ist auch möglich, Höhlen und Verstecke in einer Aquascape durch den Einsatz von Pflanzen zu schaffen. Pflanzen wie Anubias, Javafarn und Moos können auf Steinen, Wurzeln und anderen Strukturen gepflanzt werden, um Höhlen und Verstecke zu schaffen. Pflanzen bieten nicht nur Schutz und Verstecke, sondern tragen auch zur Wasserreinigung bei und erhöhen den Sauerstoffgehalt in der Aquascape. Es ist wichtig zu berücksichtigen, welche Art von Bewohnern in der Aquascape leben werden, um die Gestaltung von Höhlen und Verstecken anzupassen. Zum Beispiel bevorzugen einige Fischarten enge, dunkle Verstecke, während andere offene Bereiche bevorzugen. Es ist also wichtig, darauf zu achten, dass die Höhlen und Verstecke groß genug sind, um den Bedürfnissen der Bewohner gerecht zu werden. Es ist auch wichtig zu berücksichtigen, dass einige Fischarten Territorialverhalten zeigen und ihre eigenen Verstecke haben möchten. Wenn man also eine Gruppe von Fischen hält, ist es wichtig, genügend Höhlen und Verstecke für jeden einzelnen Fisch zu haben. Die Platzierung von Höhlen und Verstecken in einer Aquascape ist auch ein wichtiger Faktor bei der Gestaltung. Sie sollten so platziert werden, dass sie eine natürliche Umgebung schaffen und gleichzeitig ein visuelles Interesse bieten. Man sollte auch darauf achten, dass sie nicht zu dicht platziert sind, um den Bewohnern ausreichend Platz zum Schwimmen und Entdecken zu bieten. Die Wartung von Höhlen und Verstecken in einer Aquascape ist ebenfalls wichtig. Sie können Algenwachstum und Schmutzablagerungen aufnehmen, was die Wasserqualität beeinträchtigen kann. Es ist wichtig, sie regelmäßig zu reinigen, um sicherzustellen, dass sie in gutem Zustand bleiben und keine negativen Auswirkungen auf die Aquascape haben.

Bepflanzung von Aquascapes

Die Bedeutung von Bepflanzung im Aquascaping kann nicht genug betont werden. Pflanzen bieten nicht nur eine natürliche und ästhetisch ansprechende Umgebung, sondern tragen auch zur Wasserreinigung und Sauerstoffversorgung bei. Eine der wichtigsten Funktionen von Pflanzen in einer Aquascape ist die Reinigung des Wassers. Pflanzen absorbieren Nährstoffe wie Nitrat und Phosphat aus dem Wasser, die sonst Algenwachstum fördern und die Wasserqualität beeinträchtigen können. Durch die Bepflanzung der Aquascape kann also das Wachstum von unerwünschten Algen verringert werden und ein gesundes Umfeld für die Bewohner geschaffen werden.

Pflanzen tragen auch zur Sauerstoffversorgung in der Aquascape bei. Während des Photosyntheseprozesses produzieren Pflanzen Sauerstoff und nehmen Kohlendioxid auf. Dies erhöht den Sauerstoffgehalt in der Aquascape und trägt zur Gesundheit der Bewohner bei. Eine ausreichende Anzahl von Pflanzen in einer Aquascape ist daher von großer Bedeutung.

Die Wahl der richtigen Pflanzen für eine Aquascape hängt von verschiedenen Faktoren ab, wie zum Beispiel der Größe und dem Typ des Aquariums, der Beleuchtung und der Wasserchemie. Eine der beliebtesten Pflanzenarten im Aquascaping ist Anubias. Diese Pflanze hat dunkelgrüne, ledrige Blätter und wächst langsam. Sie eignet sich gut für Aquascapes mit wenig Beleuchtung und weichem Wasser.

Eine weitere beliebte Wahl für die Bepflanzung einer Aquascape ist der Javafarn. Diese Pflanze hat dünne, grüne Blätter und wächst auf Wurzeln und Steinen. Der Javafarn ist eine sehr robuste Pflanze, die in verschiedenen Wasserbedingungen wachsen kann und eine gute Wahl für Aquascapes mit Fischen und Wirbellosen ist.

Eine weitere Option für die Bepflanzung einer Aquascape ist der Moosball. Diese Pflanze hat eine kugelförmige Form und kann auf Wurzeln und Steinen platziert werden. Der Moosball ist auch sehr robust und kann in verschiedenen Wasserbedingungen wachsen. Er eignet sich gut für Aquascapes mit kleineren Fischen und Garnelen.

Andere beliebte Pflanzen für das Aquascaping sind Cabomba, Ludwigia und Vallisneria. Diese Pflanzen haben verschiedene Farben und Formen und können auf verschiedene Arten in einer Aquascape platziert werden. Es ist jedoch wichtig, darauf zu achten, dass die Pflanzen nicht zu dicht gepflanzt werden, um den Bewohnern genügend Platz zum Schwimmen und Entdecken zu bieten.

Die Platzierung der Pflanzen in einer Aquascape ist auch ein wichtiger Faktor bei der Gestaltung. Sie sollten so platziert werden, dass sie eine natürliche Umgebung schaffen und gleichzeitig ein visuelles Interesse bieten. Es ist auch wichtig, darauf zu achten, dass sie nicht zu dicht platziert sind, um den Bewohnern ausreichend Platz zum Schwimmen und Entdecken zu bieten. Es ist auch ratsam, Pflanzen mit unterschiedlichen Wuchshöhen zu kombinieren, um eine interessante Struktur und Tiefe in der Aquascape zu schaffen. Die Pflege der Pflanzen in einer Aquascape ist ebenfalls wichtig, um sicherzustellen, dass sie gesund bleiben und ihre Aufgaben erfüllen können. Pflanzen benötigen ausreichend Licht, Nährstoffe und Kohlendioxid, um zu wachsen. Die Beleuchtung sollte so eingestellt werden, dass sie den Bedürfnissen der Pflanzen entspricht. Die Zugabe von Düngemitteln und Kohlendioxid kann ebenfalls helfen, das Wachstum der Pflanzen zu fördern und ihre Gesundheit zu erhalten.

Es ist auch wichtig, abgestorbene Blätter und Pflanzenteile aus der Aquascape zu entfernen, um das Wachstum von Algen und Bakterien zu verhindern. Eine regelmäßige Reinigung und Wartung der Pflanzen ist daher notwendig, um ihre Gesundheit und Funktion zu erhalten.

Insgesamt ist die Bedeutung von Bepflanzung im Aquascaping von großer Bedeutung für eine gesunde und ansprechende Aquascape. Pflanzen tragen zur Wasserreinigung und Sauerstoffversorgung bei und schaffen eine natürliche Umgebung für die Bewohner. Die Wahl der richtigen Pflanzen für eine Aquascape hängt von verschiedenen Faktoren ab, wie zum Beispiel der Größe und dem Typ des Aquariums, der Beleuchtung und der Wasserchemie. Die Platzierung und Pflege der Pflanzen sind ebenfalls wichtige Faktoren bei der Gestaltung einer erfolgreichen Aquascape.

Auswahl von Fischen und Wirbellosen im Aquascaping

Aquascaping ist eine einzigartige Form der Aquaristik, die Kunst und Natur vereint. Es geht dabei um die Gestaltung und Pflege von Aquarien, die so aussehen sollen, als wären sie direkt aus der Natur entnommen worden. Eine wichtige Rolle spielen dabei Fische und Wirbellose, die nicht nur für eine natürliche Atmosphäre sorgen, sondern auch für das ökologische Gleichgewicht im Aquarium.

Fische und Wirbellose sind unverzichtbar für ein erfolgreiches Aquascaping. Sie verleihen dem Aquarium nicht nur Farbe und Leben, sondern erfüllen auch wichtige ökologische Funktionen. Sie sorgen für die Entstehung und Aufrechterhaltung eines natürlichen Gleichgewichts im Wasser und helfen dabei, das biologische Gleichgewicht aufrechtzuerhalten. Fische und Wirbellose sind somit nicht nur ein ästhetischer, sondern auch ein funktionaler Bestandteil des Aquascapings.

Fische sind in der Regel die ersten Tiere, an die man denkt, wenn es um Aquarien geht. Sie sind bunt, lebendig und ziehen die Aufmerksamkeit auf sich. Es gibt eine Vielzahl von Fischarten, die für Aquascaping geeignet sind. Es ist jedoch wichtig, bei der Auswahl der Fische darauf zu achten, dass sie die natürliche Umgebung des Aquariums nicht beeinträchtigen. Einige Fischarten sind sehr aktiv und können den Bodengrund aufwühlen, was das Wasser trüben kann. Andere Fischarten benötigen viel Platz und können in einem zu kleinen Aquarium gestresst werden. Eine sorgfältige Auswahl der Fische ist daher unerlässlich, um ein erfolgreiches Aquascaping zu gewährleisten.

Neben Fischen spielen auch Wirbellose eine wichtige Rolle im Aquascaping. Dazu gehören Schnecken, Garnelen und Krebse. Wirbellose haben den Vorteil, dass sie weniger Platz benötigen als Fische und oft eine längere Lebensdauer haben. Sie sind auch in der Lage, Algen und andere organische Materialien im Aquarium zu entfernen, was dazu beiträgt, dass das Wasser sauber bleibt. Einige Wirbellose sind auch in der Lage, die Pflanzen im Aquarium zu düngen, indem sie Kot und Abfallprodukte produzieren, die als Nahrung für die Pflanzen dienen.

Es ist wichtig zu beachten, dass Fische und Wirbellose in einem Aquarium niemals als bloße Dekoration betrachtet werden sollten. Sie sind lebende Tiere, die eine angemessene Pflege benötigen, um gesund zu bleiben. Das bedeutet, dass das Aquarium regelmäßig gereinigt werden muss, um sicherzustellen, dass die Wasserqualität auf einem optimalen Niveau bleibt. Es ist auch wichtig, sicherzustellen, dass die Tiere ausreichend gefüttert werden und dass sie genügend Platz haben, um sich zu bewegen und zu wachsen. Ein weiterer wichtiger Aspekt bei der Pflege von Fischen und Wirbellosen im Aquascaping ist die Kompatibilität der verschiedenen Arten. Einige Fischarten sind territorial und können andere Fische im Aquarium attackieren. Einige Wirbellose können auch territorial sein und andere Wirbellose oder sogar Fische angreifen. Es ist daher wichtig, bei der Auswahl der Tiere darauf zu achten, dass sie miteinander kompatibel sind. Eine sorgfältige Forschung und Planung im Voraus kann dazu beitragen, unnötigen Stress und Konflikte im Aquarium zu vermeiden.

Die Wahl der richtigen Fische und Wirbellosen ist ein wichtiger Schritt beim Aquascaping. Es gibt eine Vielzahl von Arten, aus denen man wählen kann, und es ist wichtig, die richtigen Tiere auszuwählen, die sowohl zum geplanten Aquascape als auch zu den Bedürfnissen der anderen Tiere im Aquarium passen. Ein wichtiger Aspekt bei der Auswahl von Fischen und Wirbellosen ist ihre Größe. Einige Fischarten können sehr groß werden und benötigen daher ein größeres Aquarium, um sich wohl zu fühlen. Es ist auch wichtig zu berücksichtigen, wie viel Platz die Tiere zum Schwimmen benötigen und ob sie territorial sind oder nicht. Einige Fischarten können sehr aggressiv sein und sollten daher nicht mit anderen Fischarten zusammen gehalten werden, die territorial sind.

Ein weiterer wichtiger Aspekt bei der Auswahl von Fischen und Wirbellosen ist ihre Verträglichkeit mit anderen Tieren im Aquarium. Einige Fischarten sind besser geeignet, um mit bestimmten Arten von Wirbellosen zusammen gehalten zu werden, während andere eher mit anderen Fischarten harmonieren. Eine sorgfältige Forschung und Planung im Voraus kann dazu beitragen, unnötigen Stress und Konflikte im Aquarium zu vermeiden.

Eine weitere wichtige Überlegung bei der Auswahl von Fischen und Wirbellosen ist ihre Pflegebedürftigkeit. Einige Fischarten erfordern spezielle Bedingungen, um gesund zu bleiben, wie zum Beispiel eine bestimmte Wassertemperatur oder eine spezielle Art von Nahrung. Es ist wichtig, sicherzustellen, dass man die notwendigen Pflegeanforderungen erfüllen kann, bevor man eine bestimmte Art von Fisch oder Wirbellosen auswählt.

Es ist auch wichtig, darauf zu achten, welche Arten von Fischen und Wirbellosen bereits im Aquarium vorhanden sind, um sicherzustellen, dass man keine Arten wählt, die miteinander konkurrieren oder aggressiv sind. Einige Fischarten können auch bestimmte Krankheiten verbreiten, die andere Tiere im Aquarium gefährden können. Eine sorgfältige Forschung und Planung im Voraus kann dazu beitragen, unnötige Krankheiten und Verluste im Aquarium zu vermeiden.

Eine weitere wichtige Überlegung bei der Auswahl von Fischen und Wirbellosen ist ihre Ernährung. Einige Fischarten sind Fleischfresser und benötigen daher eine proteinreiche Ernährung, während andere Pflanzenfresser sind und eine pflanzenbasierte Ernährung benötigen. Es ist wichtig, sicherzustellen, dass man die richtige Art von Futter zur Verfügung stellt, um sicherzustellen, dass die Tiere gesund bleiben.

Ein wichtiger Aspekt bei der Auswahl von Fischen und Wirbellosen ist auch ihre Farbe und ihr Aussehen. Einige

Fischarten haben leuchtende Farben und Muster, die das Aquascape verschönern können. Es ist jedoch wichtig, darauf zu achten, dass die Tiere auch zur natürlichen Umgebung des Aquariums passen und nicht zu auffällig sind, um eine unnatürliche Atmosphäre zu vermeiden. Schließlich ist es wichtig, auf die Anzahl der Tiere zu achten, die man im Aquarium halten möchte. Es ist wichtig, die Anzahl der Tiere im Aquarium im Auge zu behalten, um sicherzustellen, dass sie genügend Platz haben, um sich zu bewegen und zu wachsen. Überbevölkerung im Aquarium kann zu einem Anstieg von Schadstoffen im Wasser führen, was das ökologische Gleichgewicht im Aquarium beeinträchtigen kann.

In Bezug auf Wirbellose wie Schnecken, Garnelen und Krebse ist es wichtig, darauf zu achten, dass sie mit den Fischen im Aquarium kompatibel sind. Einige Wirbellose können aggressiv sein und andere Tiere im Aquarium angreifen, während andere Fische und Wirbellose eher friedlich sind. Es ist auch wichtig, sicherzustellen, dass die Wirbellosen genügend Nahrung haben und dass sie nicht von den Fischen im Aquarium gejagt werden. Ein weiterer wichtiger Faktor bei der Auswahl von Wirbellosen ist ihre Fähigkeit, Algen zu fressen und organische Materialien im Aquarium zu entfernen. Schnecken sind dafür bekannt, dass sie Algen und abgestorbene Pflanzenreste fressen und dadurch dazu beitragen, das Aquarium sauber zu halten. Garnelen und Krebse sind auch in der Lage, organische

Materialien zu entfernen und können eine wichtige Rolle bei der Aufrechterhaltung der Wasserqualität spielen.

Einrichtung und Dekoration des Aquariums

Das Aquascaping ist eine Kunstform, die sich auf die Schaffung einer natürlichen und harmonischen Umgebung im Aquarium konzentriert. Die richtige Einrichtung und Dekoration ist entscheidend für den Erfolg eines Aquascapes. Allerdings kann eine Überdekoration auch zu Problemen führen und das Gleichgewicht im Aquarium stören.

Eine Überdekoration kann zu einer Überfüllung des Aquariums führen und den Tieren zu wenig Platz zum Schwimmen und Bewegen bieten. Es kann auch schwierig sein, das Aquarium sauber zu halten, da die Überfüllung dazu führen kann, dass sich Schmutz und Ablagerungen im Aquarium ansammeln. Eine Überfüllung des Aquariums kann auch zu einem Anstieg von Schadstoffen im Wasser führen, was die Gesundheit der Tiere beeinträchtigen kann.

Eine Überdekoration kann auch dazu führen, dass das Aquarium unnatürlich und künstlich aussieht. Aquascaping geht darum, eine natürliche Landschaft zu schaffen, die wie eine Unterwasserwelt aussieht. Wenn das Aquarium zu stark dekoriert ist, kann es schwierig sein, eine natürliche Atmosphäre zu schaffen und das Ziel des Aquascapes zu erreichen.

Es ist wichtig, eine Balance zwischen Ästhetik und Funktionalität zu finden. Die Elemente sollten so platziert werden, dass sie den Tieren im Aquarium genügend Platz zum Schwimmen und Bewegen bieten und gleichzeitig eine ansprechende Landschaft schaffen. Es ist auch wichtig, darauf zu achten, dass die Elemente kompatibel sind und sich gegenseitig nicht beeinträchtigen.

Pflanzen sind ein wichtiger Bestandteil der Dekoration eines Aquascapes. Sie tragen zur Schaffung einer natürlichen Umgebung bei und bieten den Tieren ein Zuhause. Es ist wichtig, die richtigen Pflanzen für das Aquarium auszuwählen, basierend auf Faktoren wie der Größe des Aquariums, dem Lichtbedarf der Pflanzen und der Kompatibilität mit den anderen Tieren im Aquarium. Es ist auch wichtig, darauf zu achten, dass die Pflanzen nicht zu dicht beieinander platziert werden, um sicherzustellen, dass sie genügend Platz haben, um zu wachsen und sich zu entwickeln. Die Wahl der richtigen Dekoration ist auch wichtig, um das Gleichgewicht im Aquarium zu erhalten. Es ist wichtig, Elemente zu wählen, die dazu beitragen, das ökologische Gleichgewicht im Aquarium aufrechtzuerhalten. Einige Elemente können dazu beitragen, das Wasser zu filtern und Schadstoffe abzubauen, während andere dazu beitragen können, den pH-Wert des Wassers zu stabilisieren.

Es ist auch wichtig, auf die Größe des Aquariums zu achten und die Dekoration entsprechend anzupassen. Ein kleineres Aquarium erfordert weniger Dekoration als ein größeres Aquarium, um eine natürliche Atmosphäre zu schaffen. Eine übermäßige Dekoration in einem kleinen Aquarium kann dazu führen, dass das Aquarium überfüllt aussieht und den Tieren zu wenig Platz zum Schwimmen und Bewegen bietet. Eine Möglichkeit, Überdekoration im Aquascape zu vermeiden, ist die Verwendung von negativem Raum. Negative Räume sind Bereiche im Aquarium, in denen es keine Dekoration gibt. Sie sind wichtig, um eine natürliche Atmosphäre im Aquarium zu schaffen und den Tieren genügend Platz zum Schwimmen und Bewegen zu bieten. Negative Räume können auch dazu beitragen, dass die vorhandene Dekoration besser zur Geltung kommt und das Aquascape harmonischer wirkt. Ein weiterer wichtiger Aspekt bei der Vermeidung von Überdekoration ist die Pflege des Aquariums. Eine regelmäßige Reinigung und Wartung des Aquariums kann dazu beitragen, dass das Aquarium gesund bleibt und gut aussieht. Es ist wichtig, das Wasser regelmäßig zu wechseln und den Boden zu säubern, um Ablagerungen und Schmutz zu entfernen. Eine Überdekoration kann die Wartung des Aquariums erschweren und dazu führen, dass sich Schmutz und Ablagerungen ansammeln. Zusammenfassend kann man sagen, dass eine Überdekoration im Aquascape vermieden werden sollte, um das ökologische Gleichgewicht im Aquarium aufrechtzuerhalten und eine natürliche Atmosphäre zu schaffen. Eine sorgfältige Planung und Auswahl der richtigen Dekoration kann dazu beitragen, dass das Aquascape harmonisch und ästhetisch ansprechend aussieht. Es ist wichtig, darauf zu achten, dass die Elemente kompatibel sind und sich gegenseitig nicht beeinträchtigen. Eine regelmäßige Reinigung und

Wartung des Aquariums kann dazu beitragen, dass das Aquarium gesund bleibt und die Tiere darin eine optimale Umgebung zum Leben haben.

Aquascaping-Tools und -Zubehör

Das Aquascaping ist eine Kunstform, die sowohl Kreativität als auch technisches Know-how erfordert. Um ein erfolgreiches Aquascape zu schaffen, benötigt man eine Vielzahl von Werkzeugen und Zubehör, die speziell für diese Kunstform entwickelt wurden. Eines der wichtigsten Werkzeuge beim Aquascaping ist die Pinzette. Pinzetten werden verwendet, um Pflanzen zu pflanzen und zu bewegen, ohne das Aquariumwasser zu stören. Es gibt verschiedene Arten von Pinzetten, die auf verschiedene Bedürfnisse zugeschnitten sind, wie zum Beispiel lange Pinzetten für schwer zugängliche Bereiche oder gebogene Pinzetten für schwer zu erreichende Stellen.

Ein weiteres wichtiges Werkzeug ist die Schere. Scheren werden verwendet, um Pflanzen zu beschneiden und zu formen, um das gewünschte Aussehen zu erreichen. Es gibt verschiedene Arten von Scheren, wie zum Beispiel gerade Scheren, gebogene Scheren und gezahnte Scheren, die jeweils für unterschiedliche Zwecke verwendet werden.

Das Substrat ist ein weiteres wichtiges Zubehör beim Aquascaping. Das Substrat ist der Bodengrund, der den Pflanzen eine stabile Basis bietet und den Tieren einen natürlichen Lebensraum schafft. Es gibt verschiedene Arten von Substraten, wie zum Beispiel Sand, Kies und Soil, die jeweils auf die Bedürfnisse der Pflanzen abgestimmt sind.

Ein weiteres wichtiges Zubehör beim Aquascaping ist die Beleuchtung. Pflanzen benötigen ausreichend Licht, um zu wachsen und zu gedeihen. Die Beleuchtung muss jedoch auch für die Tiere im Aquarium geeignet sein und darf das Ökosystem nicht beeinträchtigen. Es gibt verschiedene Arten von Beleuchtung, wie zum Beispiel LED-Beleuchtung und T5-Beleuchtung, die jeweils auf die Bedürfnisse der Pflanzen abgestimmt sind.

Ein CO_2-System ist auch ein wichtiges Zubehör beim Aquascaping. Pflanzen benötigen CO_2, um zu wachsen und zu gedeihen. Ein CO_2-System hilft dabei, den CO_2-Gehalt im Aquarium zu erhöhen und eine optimale Umgebung für die Pflanzen zu schaffen. Es gibt verschiedene Arten von CO_2-Systemen, wie zum Beispiel Druckgas-CO_2-Systeme und DIY-CO_2-Systeme.

Ein Filter ist ein weiteres wichtiges Zubehör beim Aquascaping. Ein Filter hilft dabei, das Aquarium sauber zu halten und Schadstoffe aus dem Wasser zu entfernen. Es gibt verschiedene Arten von Filtern, wie zum Beispiel Innenfilter und Außenfilter, die jeweils auf die Größe des Aquariums und die Bedürfnisse der Tiere abgestimmt sind.

Ein Thermometer ist ein weiteres wichtiges Zubehör beim Aquascaping. Ein Thermometer hilft dabei, die Wassertemperatur im Aquarium zu überwachen und sicherzustellen, dass sie im optimalen Bereich liegt. Es gibt verschiedene Arten von Thermometern, wie zum Beispiel digitale Thermometer und analoge Thermometer.

Eine automatische Fütterung ist ein weiteres Zubehör, das beim Aquascaping hilfreich sein kann. Eine automatische Fütterung kann dazu beitragen, dass die Tiere im Aquarium regelmäßig und in der richtigen Menge gefüttert werden, auch wenn man nicht vor Ort ist. Es gibt verschiedene Arten von automatischen Fütterungen, die auf verschiedene Bedürfnisse zugeschnitten sind, wie zum Beispiel programmierbare Fütterungen und einfache Fütterungen.

Eine Wasseranalyse ist ein weiteres wichtiges Zubehör beim Aquascaping. Eine Wasseranalyse hilft dabei, den pH-Wert, den Nitratgehalt, den Nitritgehalt und andere wichtige Faktoren im Wasser zu überwachen. Eine regelmäßige Wasseranalyse kann dazu beitragen, Probleme im Aquarium frühzeitig zu erkennen und zu lösen.

Eine Algenbürste ist ein weiteres Werkzeug, das beim Aquascaping nützlich sein kann. Algen können ein häufiges Problem im Aquarium sein und eine Algenbürste hilft dabei, sie von den Dekorationselementen und den Glaswänden zu entfernen. Eine Algenbürste sollte jedoch vorsichtig verwendet werden, um Beschädigungen am Aquarium zu vermeiden.

Ein Magnetreiniger ist ein weiteres nützliches Zubehör beim Aquascaping. Ein Magnetreiniger hilft dabei, die

Glaswände des Aquariums von Algen und Schmutz zu reinigen, ohne das Aquariumwasser zu stören. Es gibt verschiedene Arten von Magnetreinigern, die auf verschiedene Größen und Formen von Aquarien zugeschnitten sind.

Aquascaping-Techniken: Iwagumi

Iwagumi ist eine Aquascaping-Technik, die auf der Verwendung von Steinen und Pflanzen basiert. Der Begriff Iwagumi kommt aus dem Japanischen und bedeutet wörtlich übersetzt "Stein-Gruppierung". Die Technik wurde von Takashi Amano, einem japanischen Aquascaping-Pionier, in den 1990er Jahren entwickelt und hat seitdem viele Fans auf der ganzen Welt gefunden. Das Ziel von Iwagumi ist es, eine harmonische und minimalistische Landschaft zu schaffen, die von der Schönheit der Steine und Pflanzen lebt. Im Gegensatz zu anderen Aquascaping-Techniken wie dem holländischen Stil oder dem Naturstil, die beide stark auf die Verwendung von vielen verschiedenen Pflanzenarten setzen, konzentriert sich Iwagumi auf die Schaffung eines starken Kontrasts zwischen den Steinen und einer begrenzten Anzahl von Pflanzen.

Die vier Arten von Steinen in Iwagumi

Die Steine sind das Herzstück von Iwagumi, und es gibt vier Arten von Steinen, die für die Iwagumi-Technik am besten geeignet sind.

1. Oyaishi (Großer Stein)

Der Oyaishi ist der größte Stein in der Iwagumi-Landschaft und bildet in der Regel das Zentrum der Komposition. Er soll ein Gefühl von Stabilität und Ruhe vermitteln und wird oft in der Mitte des Aquariums platziert.

2. Fukuishi (Zweiter großer Stein)

Der Fukuishi ist der zweitgrößte Stein in der Iwagumi-Landschaft und wird oft in der Nähe des Oyaishi platziert. Er soll die Balance des Aquariums verbessern und eine natürliche Bewegung im Wasser simulieren.

3. Soeishi (Kleiner Stein)

Der Soeishi ist der kleinste Stein in der Iwagumi-Landschaft und wird normalerweise um den Oyaishi und den Fukuishi herum platziert. Er soll den Übergang zwischen den größeren Steinen und den Pflanzen glätten und eine sanfte Textur in der Landschaft schaffen.

4. Suteishi (Abfallstein)

Der Suteishi ist ein kleiner Stein, der aus der Komposition herausgenommen und an anderer Stelle im Aquarium platziert wird. Er soll die Idee eines zufällig fallenden Steins darstellen und eine natürliche Atmosphäre im Aquarium schaffen.

Pflanzenauswahl und -platzierung

Bei der Auswahl von Pflanzen für eine Iwagumi-Landschaft ist es wichtig, sich auf eine begrenzte Anzahl von Arten zu kon zentrieren und diese auf eine ästhetisch ansprechende Weise zu platzieren. Bei der Iwagumi-Technik geht es darum, eine minimalistische Ästhetik zu schaffen, die von der Schönheit der Steine und Pflanzen lebt. Daher ist es wichtig, bei der Auswahl der Pflanzen darauf zu achten, dass sie gut zu den Steinen passen und in der Lage sind, eine klare Komposition zu bilden.

Eine der beliebtesten Pflanzenarten für Iwagumi ist die Eleocharis acicularis, auch bekannt als Nadelsimse. Diese Pflanze ist sehr klein und hat lange, dünne Blätter, die wie Gras aussehen. Sie eignet sich gut für Iwagumi, da sie den Boden bedeckt und eine natürliche und minimalistische Ästhetik schafft. Andere Pflanzen, die oft in Iwagumi-Kompositionen verwendet werden, sind Hemianthus callitrichoides (Kuba-Perlkraut) und Glossostigma elatinoides. Die Platzierung der Pflanzen in einer Iwagumi-Komposition ist genauso wichtig wie die der Steine. Es ist ratsam, die Pflanzen in Gruppen anzuordnen und sie in der Nähe der Steine zu platzieren, um eine natürliche und harmonische Ästhetik zu schaffen. Eine Möglichkeit, dies zu tun, ist, die Pflanzen in der Nähe des Oyaishi und des Fukuishi zu platzieren und sie um den Soeishi herum zu gruppieren.

Tipps für die Gestaltung einer Iwagumi-Landschaft

1. Planung ist alles

Bevor Sie mit der Gestaltung Ihrer Iwagumi-Landschaft beginnen, sollten Sie einen Plan erstellen. Überlegen Sie sich, wie Sie die Steine anordnen möchten, welche Pflanzen Sie verwenden werden und wie Sie das Layout gestalten möchten. Eine gute Möglichkeit, dies zu tun, ist, eine Skizze oder ein Modell der Landschaft zu erstellen, bevor Sie sie im Aquarium zusammenstellen.

2. Verwenden Sie unterschiedliche Steingrößen

Eine gute Möglichkeit, eine interessante und natürliche Komposition zu schaffen, besteht darin, Steine unterschiedlicher Größe zu verwenden. Dies hilft, eine natürliche Bewegung im Wasser zu simulieren und verleiht der Landschaft mehr Tiefe und Dimension.

3. Wählen Sie eine passende Beleuchtung

Die Beleuchtung ist ein wichtiger Faktor bei der Gestaltung einer Iwagumi-Landschaft. Eine passende Beleuchtung hilft dabei, die Farben der Steine und Pflanzen hervorzuheben und eine natürliche Atmosphäre zu schaffen. Es ist ratsam, eine Beleuchtung zu wählen, die dem natürlichen Licht ähnelt und eine ausreichende Menge an Licht für das Wachstum der Pflanzen bereitstellt.

4. Achten Sie auf die Wasserparameter

Es ist wichtig, die Wasserparameter im Aquarium im Auge zu behalten, wenn Sie eine Iwagumi-Landschaft gestalten. Die meisten Pflanzen, die für Iwagumi verwendet werden, benötigen eine konstante Temperatur und einen pH-Wert zwischen 6,5 und 7,5. Es ist auch wichtig, eine ausreichende Menge an Nährstoffen für die Pflanzen bereitzustellen, entweder durch die Zugabe von Düngemitteln oder durch den Einsatz von CO_2.

5. Reinigen Sie regelmäßig

Eine Iwagumi-Landschaft erfordert regelmäßige Pflege und Reinigung, um ihre Ästhetik aufrechtzuerhalten. Das Entfernen von abgestorbenen Pflanzenteilen und das Reinigen der Steine und des Bodengrunds sind wichtige Schritte, um das Wasser klar und sauber zu halten und das Wachstum der Pflanzen zu fördern.

Das Naturaquarium

Ein Naturaquarium ist ein Aquarium, das versucht, das natürliche Ökosystem eines Gewässers nachzuahmen. Im Gegensatz zu traditionellen Aquarien, die auf eine reine Ästhetik ausgerichtet sind, steht bei einem Naturaquarium die Gesundheit und das Wohlbefinden der darin lebenden Tiere und Pflanzen im Vordergrund.

Ein Naturaquarium kann in verschiedenen Größen und Formen gebaut werden und es gibt keine einheitliche Methode, um es zu gestalten. Die meisten Naturaquarien sind jedoch mit einem Bodengrund, Steinen, Wurzeln und Pflanzen ausgestattet, um eine natürliche Umgebung zu schaffen. Die meisten Naturaquarien enthalten auch eine Vielzahl von Fischarten, Krebstieren und anderen Wirbellosen, die in einer natürlichen Umgebung leben.

Die Wahl der Fischarten und anderer Lebewesen, die in einem Naturaquarium gehalten werden können, hängt von verschiedenen Faktoren ab, wie zum Beispiel der Größe des Aquariums, der Wasserqualität, der Temperatur und der pH-Wert des Wassers. Es ist wichtig, dass man sich im Vorfeld gut informiert und eine sorgfältige Planung durchführt, bevor man ein Naturaquarium einrichtet.

Ein wichtiger Aspekt bei der Einrichtung eines Naturaquariums ist die Wahl der richtigen Pflanzen. Pflanzen spielen eine wichtige Rolle im Ökosystem eines Naturaquariums, indem sie Nährstoffe aufnehmen und den

Sauerstoffgehalt im Wasser erhöhen. Eine gute Auswahl an Pflanzen kann auch dazu beitragen, das natürliche Aussehen des Aquariums zu verbessern. Es ist wichtig, Pflanzen auszuwählen, die den Bedingungen im Aquarium entsprechen und die richtige Beleuchtung und Nährstoffversorgung erhalten.

Ein weiterer wichtiger Aspekt ist die Filterung des Wassers. In einem Naturaquarium ist es wichtig, dass das Wasser sauber und frei von Schadstoffen ist, um die Gesundheit der Tiere und Pflanzen im Aquarium zu erhalten. Eine effektive Filterung des Wassers kann dazu beitragen, das Gleichgewicht des Ökosystems aufrechtzuerhalten.

Eine gute Möglichkeit, die Wasserqualität zu verbessern, ist die Verwendung von lebenden Steinen und anderen natürlichen Materialien, die das Wasser auf natürliche Weise filtern können. Auch die Verwendung von speziellen Bakterienkulturen kann helfen, das biologische Gleichgewicht im Aquarium aufrechtzuerhalten.

Das Naturaquarium bietet viele Vorteile gegenüber traditionellen Aquarien. Es bietet nicht nur ein schönes und entspannendes Ambiente, sondern auch die Möglichkeit, die Natur in Ihrem eigenen Zuhause zu erleben. Es kann auch dazu beitragen, das Bewusstsein für die Bedeutung von Ökosystemen und den Schutz der Umwelt zu fördern.

Ein weiterer Vorteil eines Naturaquariums ist, dass es relativ einfach zu pflegen ist. Mit den richtigen Werkzeugen und der richtigen Pflege können Sie ein Naturaquarium problemlos instandhalten. Es ist wichtig, regelmäßig Wasserwechsel durchzuführen, um eine gute Wasserqualität aufrechtzuerhalten. Auch das Entfernen von abgestorbenen Pflanzenteilen und regelmäßiges Reinigen des Filters kann dazu beitragen, das Aquarium in einem guten Zustand zu halten. Es ist auch wichtig, sich über die Bedürfnisse der im Aquarium lebenden Tiere und Pflanzen zu informieren und sicherzustellen, dass sie die richtigen Bedingungen erhalten. Ein Naturaquarium erfordert möglicherweise mehr Aufmerksamkeit und Pflege als ein herkömmliches Aquarium, aber es ist auch eine lohnende Erfahrung, die Ihnen hilft, ein besseres Verständnis für die Natur zu entwickeln.

Es ist auch wichtig zu beachten, dass ein Naturaquarium nicht unbedingt günstig sein muss. Die Einrichtung und der Unterhalt eines Naturaquariums können je nach Größe und Komplexität des Systems kostspielig sein. Es ist jedoch möglich, ein Naturaquarium zu einem erschwinglichen Preis zu gestalten und zu pflegen, wenn Sie sorgfältig planen und sich über die verschiedenen Optionen informieren. Wenn Sie ein Naturaquarium einrichten möchten, gibt es eine Reihe von Ressourcen, die Ihnen helfen können, Informationen zu erhalten und Unterstützung zu finden. Es gibt Online-Foren und Websites, auf denen Sie mit anderen Aquarianern interagieren und Ratschläge von erfahrenen Hobbyisten erhalten können. Es gibt auch Fachgeschäfte für Aquaristik, die eine breite Palette von Produkten und Dienstleistungen für Naturaquarien anbieten. Insgesamt ist das Naturaquarium eine lohnende Möglichkeit, die Schönheit und Vielfalt der Natur in Ihrem eigenen Zuhause zu erleben. Es bietet nicht nur ein interessantes und entspannendes Hobby, sondern auch die Möglichkeit, mehr über Ökosysteme und Umweltschutz zu lernen. Mit der richtigen Planung, Pflege und Aufmerksamkeit können Sie ein erfolgreiches Naturaquarium schaffen und genießen.